a skoro - мактаб	2
a koiri - саёҳат	5
a transport - транспорт	8
a foto - шаҳар	10
a landschap - манзара	14
a restaurant - ресторан	17
a wenkri - супермаркет	20
a dringi - ичимликлар	22
a nyan - таом	23
a burugron - чорвачилик хўжалиги	27
a oso - уй	31
a foroisi - меҳмонхона	33
a botrali - ошхона	35
a was oso - ваннахона	38
a pikin kamra - болалар хонаси	42
a krosi - кийим	44
a kantoro - идора	49
a ekonomia - иқтисод	51
den kari - касблар	53
a wrokosani - асбоблар	56
den poku sani - мусиқа асбоблари	57
a meti dyari - ҳайвонот боғи	59
a sport - спорт ўйинлари	62
den aktifiteit - машғулот	63
a famiri - оила	67
a skin - тана	68
a ati oso - шифохона	72
a nowtu - тез ёрдам	76
a grontapu - Ер	77
oloisi - соат	79
a wiki - хафта	80
a yari - йил	81
den form - шакллар	83
kloru - ранглар	84
difrenti - қарама-қарши маъноли сўзлар	85
den nomru - рақамлар	88
den tongo - тиллар	90
suma / sang / fa - ким / нима / қандай	91
pe - қаерда	92

Impressum
Verlag: BABADADA GmbH, Nedderfeld 112 , 22529 Hamburg
Geschäftsführer / Verlagsleitung: Harald Hof
Druck: Books on Demand GmbH, In de Tarpen 42, 22848 Norderstedt

Imprint
Publisher: BABADADA GmbH, Nedderfeld 112 , 22529 Hamburg, Germany
Managing Director / Publishing direction: Harald Hof
Print: Books on Demand GmbH, In de Tarpen 42, 22848 Norderstedt

a skoro
мактаб

a klas / синф

prati / бўлмоқ

186/2

a bord / доска

a skoro dyari / мактаб ҳовлиси

a leriman / ўқитувчи

a papira / қоғоз

skrifi / ёзмоқ

a pen / ручка

a tafra / иш столи

a lati / линейка

a buku / китоб

a studenti / ўқувчи

a skorotas

осма сумка

a kisi

қаламдон

a skriftiki

қалам

a srapu

қалам учлагич

a sisibi

ўчиргич

a prenki buku

расм албоми

a skoro - мактаб

a prenki
чизмачилик

a kwasi
бўёқ чўтка

a ferfidosu
бўёқдон

a sisei
қайчи

a gomma
елим

a skrifbuku
машғулот дафтари

a skorowroko
уй иши

a nomru
рақам

teri
қўшмоқ

koti
айирмоқ

vermenigvuldig
кўпайтирмоқ

teri
ҳисобламоқ

a brifi
хат

a alfabet
алифбо

a wortu
сўз

a skoro - мактаб

a wortu
матн

lesi
ўқимоқ

a kreiti
бўр

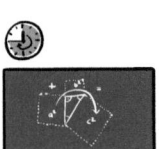

a yuru
дарс

a klasbuku
журнал

a examen
имтиҳон

a skoropapira
гувоҳнома

a sem skoro krosi
мактаб формаси

a skoro
таълим

a encyklopedie
қомус

a unifersiteit
олийгоҳ

a mikroskoop
микроскоп

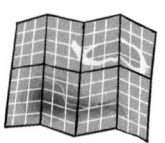

a karta
харита

a doti embre
урна

a koiri
саёҳат

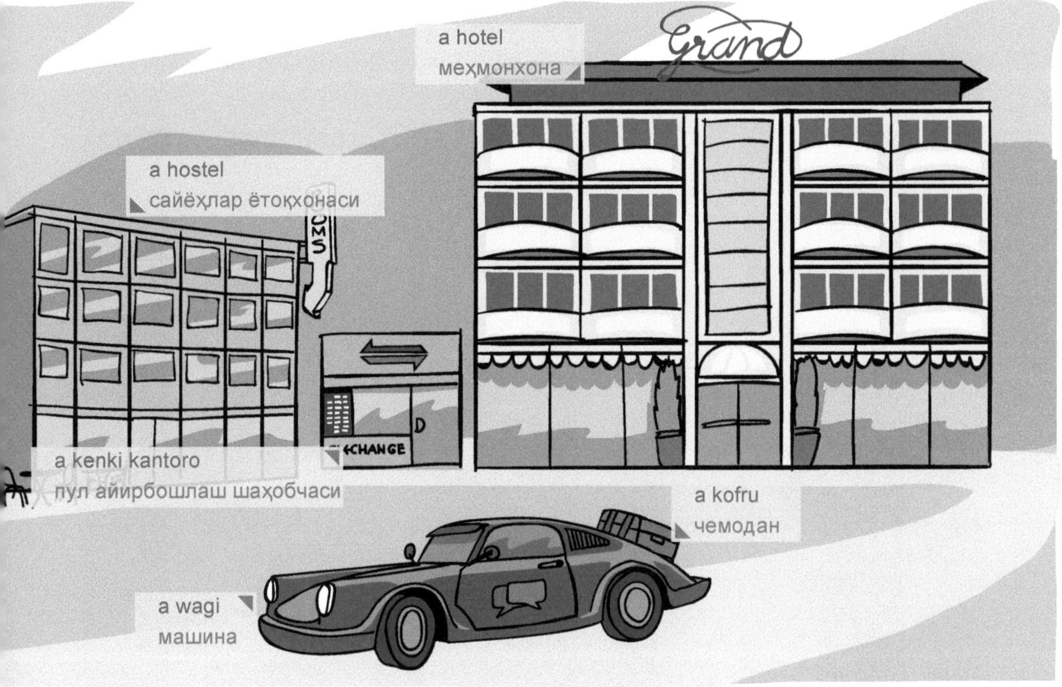

a hotel
меҳмонхона

a hostel
сайёҳлар ётоқхонаси

a kenki kantoro
пул айирбошлаш шаҳобчаси

a kofru
чемодан

a wagi
машина

a tongo
тил

ai / no
ҳа / йўқ

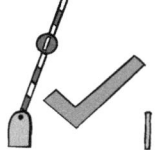

afen
Хўп

Ei!
салом

a torku
таржимон

Grantangi
Раҳмат

a koiri - саёҳат

O meni...?
неча пул...?

Mi ne ferstan
Тушунмадим

a problema
муаммо

Kuneti!
Хайрли кеч!

Morgu!
Хайрли тонг!

Kuneti!
Хайрли тун!

Adyosi!
кўришгунча

a beni
йўналиш

a bagasi
йўловчи юки

a tas
сафархалта

a tas
юк халта

a fisiti
меҳмон

a kamra
хона

a sribi saka
уйқуқоп

a tenti
чодир

a koiri - саёҳат

a reiskantoro

саёҳларга маълумот бериш столи

a sekanti

пляж

a kreditkarta

омонат карта

a mamanten nyanyan

нонушта

nyanyan

нонушта

a nyanyan

кечки овқат

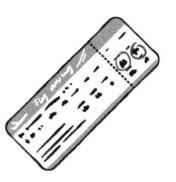

a karta

чипта

a lift

лифт

a stampu

марка

a lanki

чегара

a douane

божхона

a ambassade

элчихона

a fisa

виза

a pasportu

паспорт

a koiri - саёҳат

a transport
транспорт

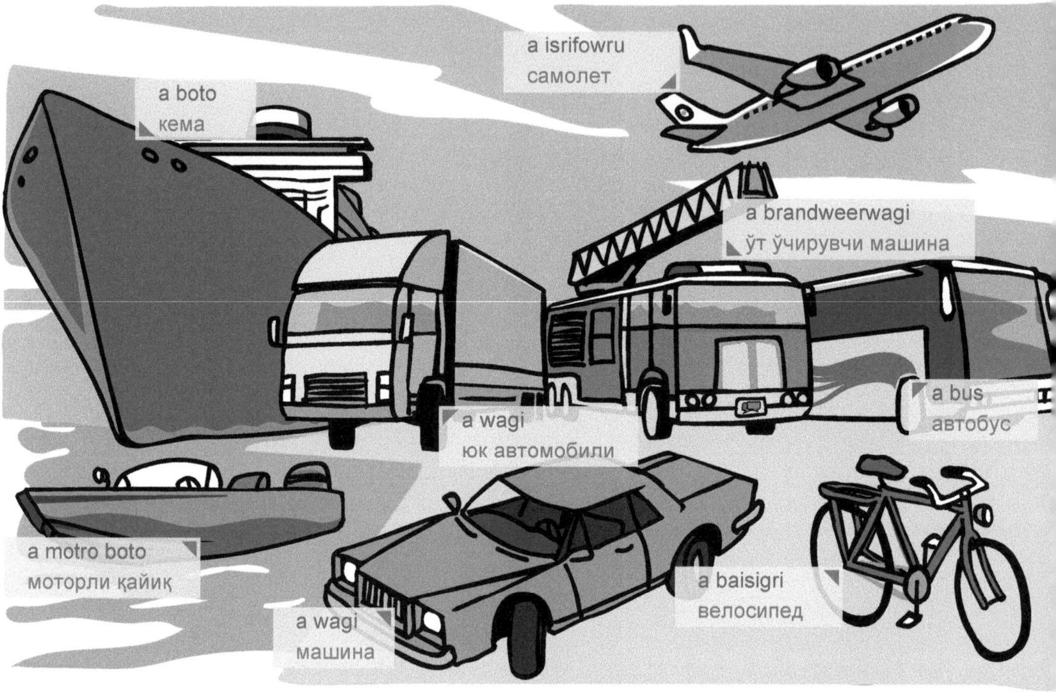

- a isrifowru — самолет
- a boto — кема
- a brandweerwagi — ўт ўчирувчи машина
- a bus — автобус
- a wagi — юк автомобили
- a motro boto — моторли қайиқ
- a wagi — машина
- a baisigri — велосипед

a pondo

солсимон ясси кема

a boto

қайиқ

a motro

мотоцикл

a skowtu wagi

посбон машинаси

a streilon wagi

пойга машинаси

a yuru wagi

ижарага олинган автоулов

a wagi prati
автоижара

a takelwagi
шатакка олувчи юк автомобили

a doti wagi
ахлат машинаси

a motro
мотор

a oli
ёқилғи

a oli pompu
ёқилғи қуйиш шаҳобчаси

a ferkeermarki
йўл белгиси

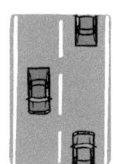

a ferkeer
йўл ҳаракати

a reylo
тирбанд

a parkeerpresi
автомобил тўхтаб туриш жойи

a lokopresi
поезд бекати

den rail
рельс

a loko
поезд

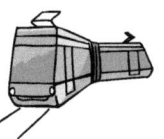

a loko
трамвай

a wagi
вагон

a transport - транспорт

a helikopter
вертолёт

a opolangi
аэропорт

a fortresi
минора

a pasasir
йўловчи

a kontainer
контейнер

a doso
қоғоз қути

a wagi
аравача

a baskita
сават

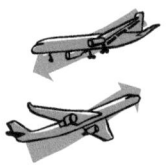
opo go / saka
учмоқ / қўнмоқ

a foto
шаҳар

a dorpu
қишлоқ

a fotosei
шаҳар маркази

a oso
уй

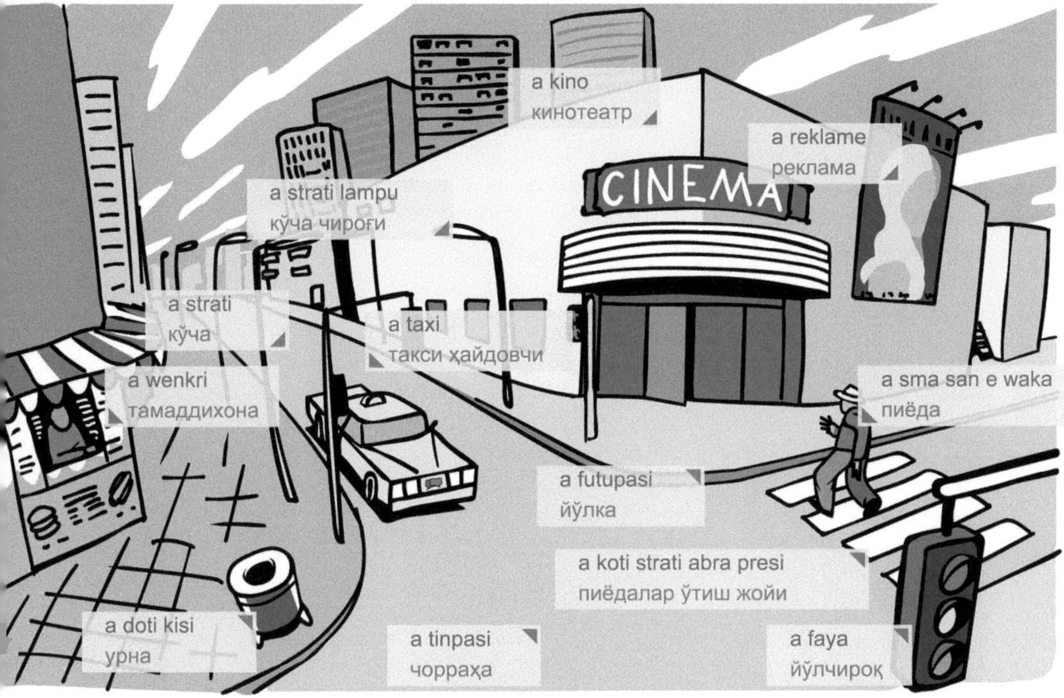

a kino
кинотеатр

a reklame
реклама

a strati lampu
кўча чироғи

a strati
кўча

a taxi
такси ҳайдовчи

a wenkri
тамаддихона

a sma san e waka
пиёда

a futupasi
йўлка

a koti strati abra presi
пиёдалар ўтиш жойи

a doti kisi
урна

a tinpasi
чорраҳа

a faya
йўлчироқ

a kampu
кулба

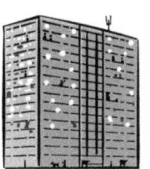

a oso
квартира

a lokopresi
поезд бекати

a foto oso
маҳаллий ҳокимият биноси

a museum
музей

a skoro
мактаб

a foto - шаҳар

a unifersiteit

олийгоҳ

a bangi

банк

a ati oso

шифохона

a hotel

меҳмонхона

a apteiki

дорихона

a kantoro

идора

a buku winkri

китоб дўкони

a wenkri

дўкон

a bromki winkri

гул дўкони

a wenkri

супермаркет

a wowoyo

бозор

a wowoyo

универмаг

a fisi seri man

балиқ дўкони

a bigi wenkri

савдо маркази

a lanpresi

бандаргоҳ

a park
истироҳат боғи

a bangi
банк

a broki
кўприк

a trapu
зинапоя

a fatyawagi
метро

a ondrogron-strati
ер ости йўли

a bushalte
автобус бекати

a bar
бар

a restaurant
ресторан

a brifibus
почта қутиси

a strati nen marki
кўча ёзув осма тахтаси

a parkeer marki
тўхтаб туриш вақтини ҳисоблагич

a meti dyari
ҳайвонот боғи

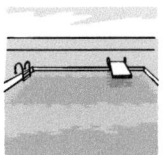
a swen presi
бассейн

a gado-oso
масжид

a foto - шаҳар

a burugron
чорвачилик хўжалиги

a doti sani
атроф-муҳит ифлосланиши

a berpe
қабристон

a kerki
ибодатхона

a prei presi
болалар ўйингоҳи

a gado-oso
эҳром

a landschap
манзара

a wiwiri — япроқ
a pasi marki — йўлкўрсатгич
a pasi — йўл
a wei — ўтлоқ
a ston — тош
a bon — дарахт
a koiri sma — пиёда сайёҳ
a libi — дарё
a grasi — майса
a bromki — гул

a lagi presi
водий

a lebriki
қир

a fisi-olo
кўл

a busi
ўрмон

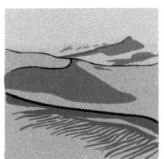

a dreisabana
чўл

a bergi
вулкан

a ridder-oso
қалъа

a alenbo
камалак

a todoprasoro
қўзиқорин

a palmbon
пальма дарахти

a maskita
пашша

a freifrei
чивин

a mira
чумоли

a waswasi
асалари

a anansi
ўргимчак

a landschap - манзара

a asege

қўнғиз

a todo

қурбақа

a bonboni

олмахон

a agidya

типратикон

a kon koni

қуён

a owru kuku

укки

a fowru

қуш

a gansi

оққуш

a werder agu

эркак чўчқа

a dia

буғу

a dia

бутоқ шоҳли кийик

a dan

тўғон

a winti miri

шамол генератори

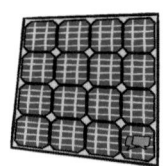

a son planga

қуёш батареяси

a weer

иқлим

a landschap - манзара

a restaurant
ресторан

a diniman
официант

a nyankarta
таомнома

a sturu
стул

a pissa
пицца

a supu
шўрва

tafra duku
дастурхон

nefi nanga forku
ошхона анжомлари

a fesi nyanyan

газак

a moro prenspari sortu nyan

асосий таом

a switi sani

десерт

a dringi

ичимликлар

a nyan

таом

a batra

бутилка

a restaurant - ресторан   17

a fastfood
тез пишар таом

strati nyanyan
кўча таоми

a tépatu
чойнак

sukru patu
шакардон

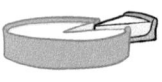
a krab'patu
порция

a espressomasyin
эспрессо кофе машинаси

a pikin sturu
болалар курсичаси

a borgu
ҳисоб

a brakri
лаган

a nefi
пичоқ

a forku
санчқи

a spun
қошиқ

a téspun
чой қошиқ

a servet
қўл сочиқ

a grasi
стакан

a restaurant - ресторан

a preti
ликоп

a supu preti
шӯрва коса

a skotriki
тақсимча

a sowsu
қайла

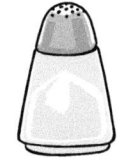

a sowtupatu
туздон

a pepre miri
қалампир янчгич

a asin
сирка

a oli
ёғ

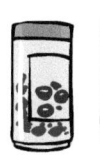

den specerij
зираворлар

a ketchup
кетчуп

a mosterd
хантал

a mayonaise
майонез

a restaurant - ресторан

a wenkri

супермаркет

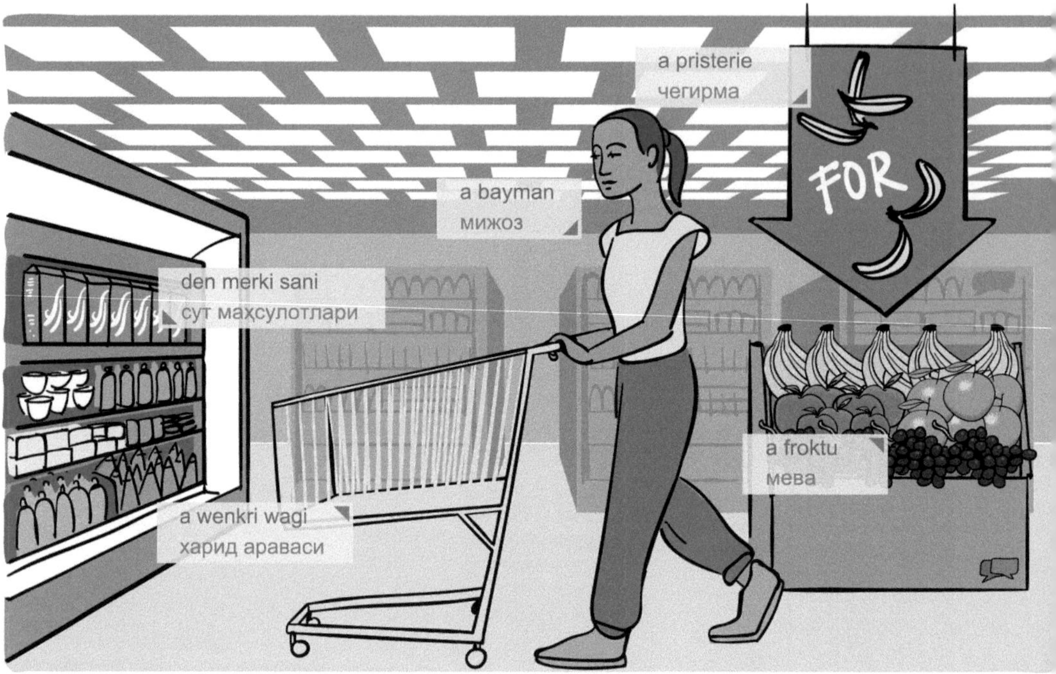

a pristerie
чегирма
FOR
a bayman
мижоз
den merki sani
сут маҳсулотлари
a froktu
мева
a wenkri wagi
харид араваси

BUTCHERS

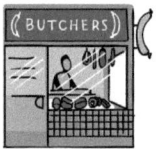

a srakti-oso

қассобхона

BAKERY

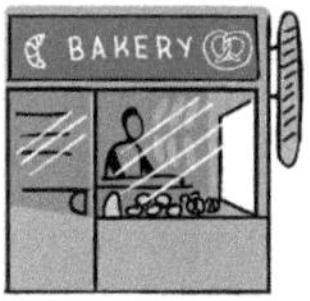

a bakri-oso

нонвойхона

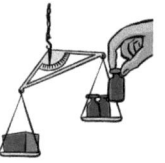

wegi

тарозида ўлчамоқ

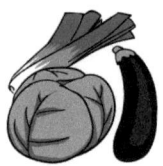

a gruntu

сабзавот

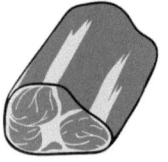

a meti

гўшт

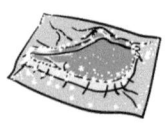

den ijskasi sani

музлатилган таомлар

a kowru meti

яхна гўшт

a blik nyan

консерва

a wasi sani

кир ювиш воситаси

a switi sani

ширинликлар

den oso sani

кундалик истеъмол моллар

a sani fu krin

ювиш воситалари

a seri sma

сотувчи

a kas

касса аппарати

a kasman

ғазначи

a bai marki

харид рўйхати

den opo yuru

иш вақти

a portmoni

ҳамён

a kreditkarta

омонат карта

a tas

халта

a plastik saka

целлофан халта

a wenkri - супермаркет

a dringi
ичимликлар

a watra
сув

a sap
шарбат

a merki
сут

a kola
кока-кола

a win
вино

a biri
пиво

a sopi
спиртли ичимлик

a skrati
какао

a té
чой

a kofi
кофе

a espresso
эспрессо

a kappuccino
капучино

a nyan
таом

a bakba

банан

a apra

олмахон

a apresina

апельсин

a watramun

қовун

a sitrun

лимон

a rutu

сабзи

a konofroku

саримсоқ

a bambu

бамбук

a aiun

пиёз

den todoprasoro

қўзиқорин

den noto

ёнғоқ

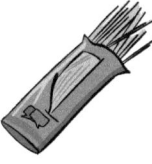

a pasta

лағмон

a spaghetti — спагетти

a alesi — гуруч

a salade — салат

a patata — картошка-фри

den baka patata — қовурилган картошка

a pissa — пицца

a burger — гамбургер

a brede — сэндвич

a schnitsel — тўқмоқланган тўш қиймаси

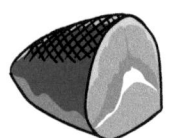

a ameti — дудланган чўчқа гўшти

a salami — салями колбасаси

a worst — сосиска

a kafowru — товуқ гўшти

a bakadina — қовурилган

a fisi — балиқ

a nyan - таом

a hafermout
сули бўтқаси

a muesli
мюсли

den karuflakes
маккажўхори ёрмаси

a blon
ун

a croissant
француз булочкаси

den brede
булочка

a brede
нон

a baka brede
қизартирилган нон бўлаги

a buskutu
пиширик

a botro
сариёғ

a kwark
творог

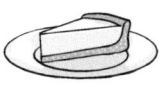
a kuku
пирог

a eksi
тухум

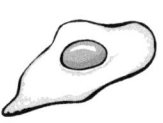
a baka eksi
қовурилган тухум

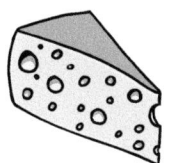
a kasi
пишлоқ

a nyan - таом

a ice-cream музқаймоқ

a sukru шакар

a oni асал

a jam мураббо

a sukruskrati pasta шоколад пастаси

a kerrie зарчава

a burugron
чорвачилик хўжалиги

- a wroko gron presi — деҳқон уйи
- a maksin — пичанхона
- a grasi bergi — похол тугуни
- a gron — дала
- a asi — от
- a aanhangwagi — тиркама
- a pikin asi — қулун
- a traktor — трактор
- a buriki — эшак
- a pikin skapu — қўзи
- a skapu — қўй

a krabita

эчки

a kaw

сигир

a pikin kaw

бузоқ

a agu

чўчқа

a pikin agu

чўчқа боласи

a burkaw

буқа

a gansi
ғоз

a doksi
ўрдак

a pikin fowru
жўжа

a fowru
товуқ

a kakafowru
хўроз

a alata
каламуш

a puspusi
мушук

a moismoisi
сичқон

a burkaw
ҳўкиз

a dagu
ит

a dagu pen
каталак

a tuinslang
ҳовли боғ шланги

a watra kan
гулчелак

a nefi
белўроқ

a pluga
темир омоч

a burugron - чорвачилик хўжалиги

a babun-nefi

қўлўроқ

a tyapu

чопқи

a forku

паншаха

a beyri

болта

a kroiwagi

ғалтакарава

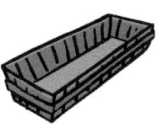

a baki

охур

a merki kan

сут бидони

a saka

тўрва

a skotu

панжара

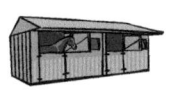

a pen

оғилхона

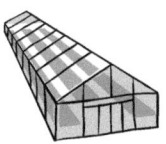

a grun kasi

иссиқхона

a gron

тупроқ

a siri

уруғ

a doti

ўғит

a maaidorser

комбайн

a burugron - чорвачилик хўжалиги

koti
ҳосил олмоқ

a nyanyan
йиғим-терим

a yami
ямс

a aleisi
буғдой

a soja
соя

a patata
картошка

a karu
маккажўхори

a koro siri
рапс уруғи

a froktu bon
мевали дарахт

a kasaba
маниок

den siri
ёрма

a burugron - чорвачилик хўжалиги

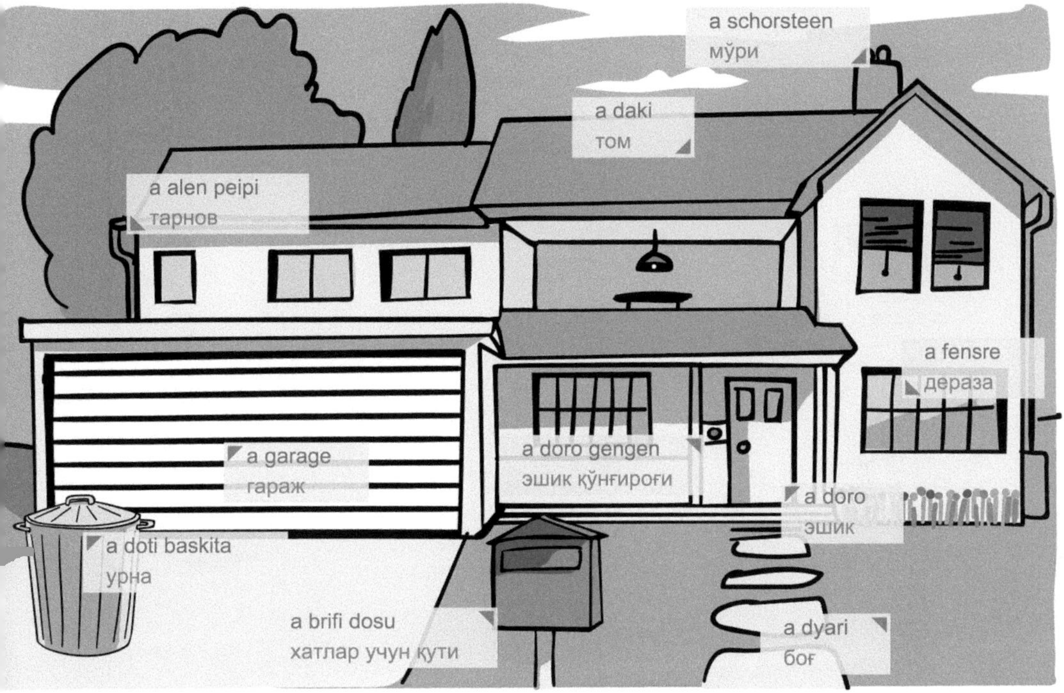

a oso
уй

a schorsteen
мўри

a daki
том

a alen peipi
тарнов

a fensre
дераза

a garage
гараж

a doro gengen
эшик қўнғироғи

a doro
эшик

a doti baskita
урна

a brifi dosu
хатлар учун қути

a dyari
боғ

a foroisi

меҳмонхона

a was oso

ваннахона

a botrali

ошхона

a sribikamra

ётоқхона

a pikin kamra

болалар хонаси

a nyanyan kamra

ошхона

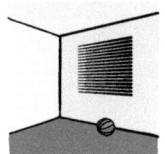

a gron
пол

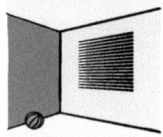

a skotu
девор

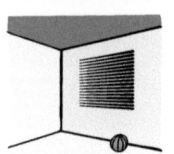

a plafon
шип

a kedre
подвал

a sauna
сауна

a barkon
болохона айвони

a terras
айвон

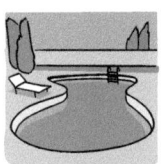

a swen presi
бассейн

a waimasyin
ўт ўргич машина

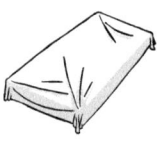

a sribikrosi
кўрпажилд

a sribikrosi
чойшаб

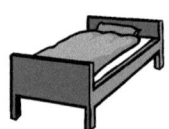

a bedi
кроват

a sisibi
супурги

a embre
пақир

a san fu leti faya
мурват

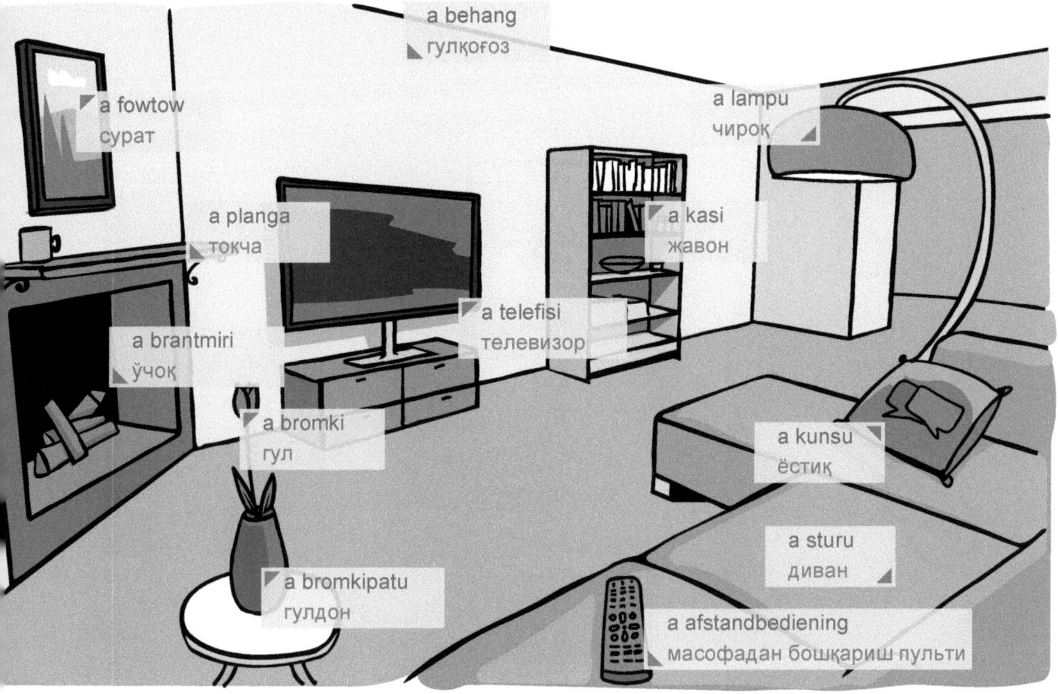

a foroisi
меҳмонхона

- a behang — гулқоғоз
- a fowtow — сурат
- a lampu — чироқ
- a planga — токча
- a kasi — жавон
- a brantmiri — ўчоқ
- a telefisi — телевизор
- a bromki — гул
- a kunsu — ёстиқ
- a sturu — диван
- a bromkipatu — гулдон
- a afstandbediening — масофадан бошқариш пульти

a matamata
гилам

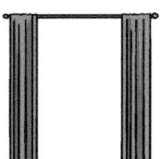

a garden
парда

a tafra
стол

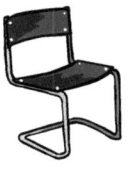

a sturu
стул

a boboisturu
тебранма курси

a sturu
кресло

a foroisi - меҳмонхона

a buku
китоб

a tapun
кўрпа

a pranpran
ҳашам

a udu
ўтин

a kino
кино

a stereo-installatie
стерео қурилма

a sroto
калит

a koranti
рўзнома

a skedrei
расм

a poster
плакат

a konkrudosu
радио

a skrifi buku
ён дафтар

a stofsuiger
чанг ютгич

a kaktus
кактус

a kandra
шам

a foroisi - меҳмонхона

a botrali
ошхона

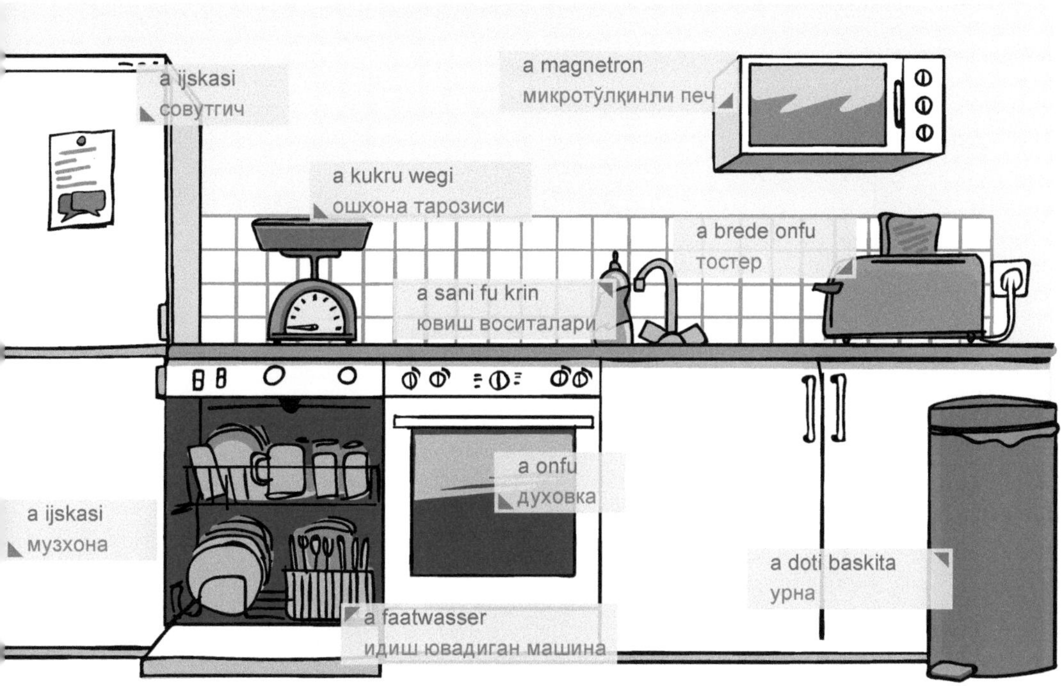

a ijskasi
совутгич

a magnetron
микротўлқинли печ

a kukru wegi
ошхона тарозиси

a brede onfu
тостер

a sani fu krin
ювиш воситалари

a onfu
духовка

a ijskasi
музхона

a doti baskita
урна

a faatwasser
идиш ювадиган машина

a onfu
плита

a patu
кастрюль

a isri patu
чўян қозон

a wok / kadai
бўртма тубли това

a pan
това

a ketre
човгун

a botrali - ошхона

a dampupatu

мантиқасқон

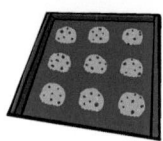

a baka preti

тунука това

den tafra-sani

идиш

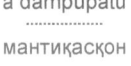

a kan

кружка

a koba

коса

den nyantiki

таом ейиш таёқчалари

a supu spun

чўмич

a spatel

куракча

a klutser

кўпиртиргич

a fergiet

элак

a dorodoro

элак

a gritigriti

қирғич

a mortier

ҳовонча

a barbakoto

гриль

a faya presi

олов

a botrali - ошхона

a koti planga

оштахта

a blon lolo

жува

a korkutreki

пармасимон тиқин очгич

a tromu

консерва

a knefi fu opo blik

консерва очгич

a patu duku

тутгич

a wasibaki

унитаз

a bosro

идиш чўтка

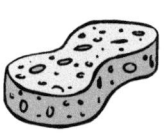

a sponsu

қозонсочиқ

a blender

қориштиргич

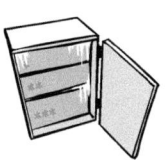

a ijskasi

музлатгич

a beibi batra

сўрғичли чақалоқ бутилкаси

a kran

кран

a botrali - ошхона

a was oso
ваннахона

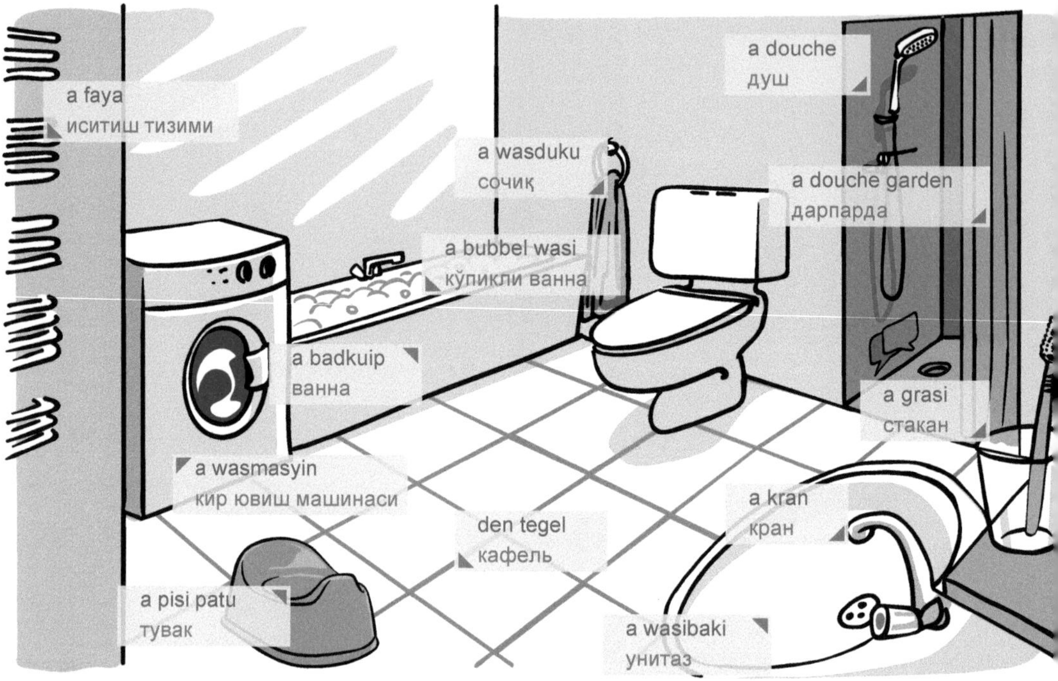

- a faya — иситиш тизими
- a douche — душ
- a wasduku — сочиқ
- a douche garden — дарпарда
- a bubbel wasi — кўпикли ванна
- a badkuip — ванна
- a grasi — стакан
- a wasmasyin — кир ювиш машинаси
- a kran — кран
- den tegel — кафель
- a pisi patu — тувак
- a wasibaki — унитаз

a kumakoisi

ҳожатхона

a kumakoisi

полга ўрнатиладиган унитаз

a bidet

таҳоратдон

a pisi presi

сийдик унитази

a kumakoisi papira

ҳожатхона қоғози

a kumakoisi bosro

ҳожатхона чўткаси

a tifi bosro

тиш чӯтка

a tandpasta

тиш пастаси

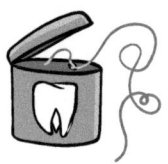

a floss

тиш тозалагич ип

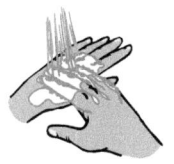

wasi

ювмоқ

a douche

дастакли душ

a kumakoisi douche

таҳорат учун душ

a was koba

тоғора

a baka bosro

елка қашлайдиган чӯтка

a sopo

совун

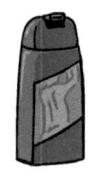

a douchegel

душ учун гель

a sopo

шампунь

a was krosi

мочалка

a afvoer

қувур

a krème

крем

a okselstik

дезодарант

a was oso - ваннахона

a spikri

кўзгу

a moimoi fu fesi spikri

қўл кўзгуси

a sebinefi

устара

a sebiskuma

устара учун кўпик

a aftershave

салқинлантирувчи бальзам

a kankan

тароқ

a bosro

чўтка

a wiri drei masyin

фен

a wirispray

соч учун лак

a moimoi fu fesi

пардоз-андоз

a lippenstift

лаб учун помада

a nangra ferfi

тирноқ лаки

den katun

пахта

a nangra sey

тирноқ қайчиси

a switi smeri

духи

a was oso - ваннахона

a tas gi krin sani
пардоз-андоз халтаси

a kroku
курси

a wegi
тарози

a was dyaki
чўмилиш халати

den handschoen fu krin
резина қўлқоп

a tampon
тампон

a munduku
гигиеник таглик

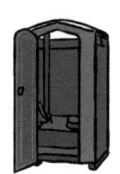

a kumakoisi
биоҳожатхона

a was oso - ваннахона

a pikin kamra
болалар хонаси

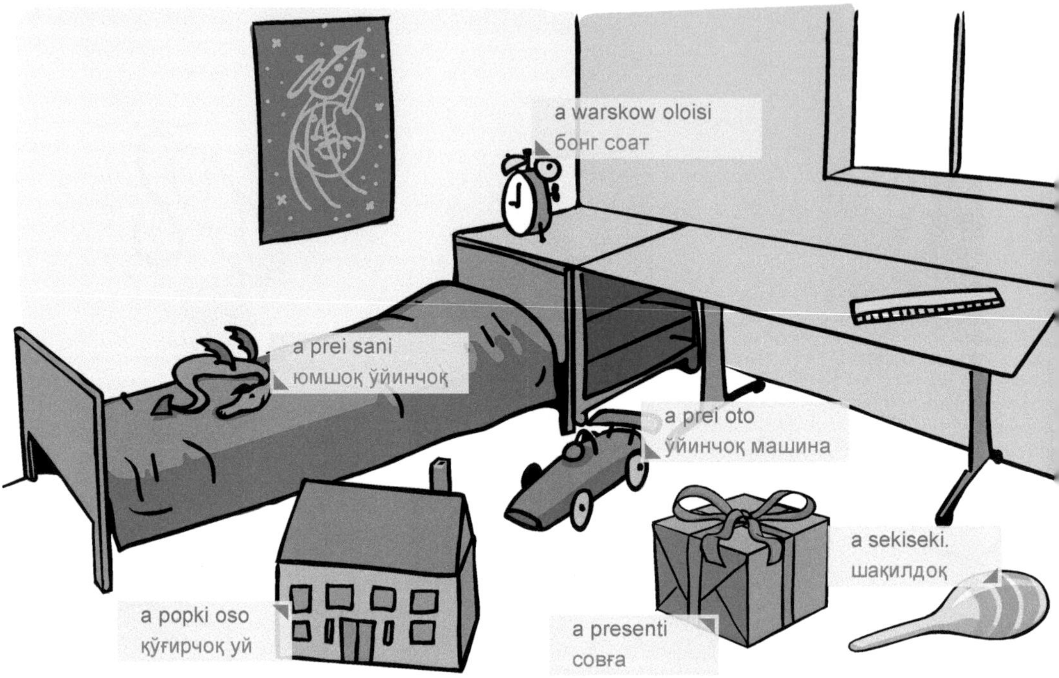

a warskow oloisi
бонг соат
a prei sani
юмшоқ ўйинчоқ
a prei oto
ўйинчоқ машина
a sekiseki.
шақилдоқ
a popki oso
қўғирчоқ уй
a presenti
совға

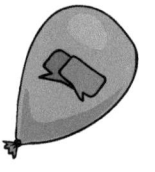

a ballon

шар

a bedi

кроват

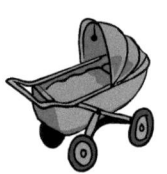

a beibiwagi

болалар аравачаси

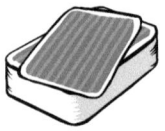

a paki karta

карта тўплами

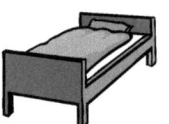

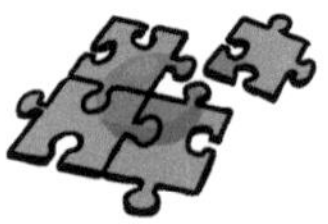

a laytori

терма тасвир

SUPER
MEGA

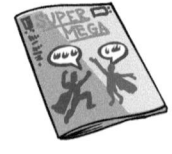

a strip torie

кулгили саҳна асари

den lego ston

лего ғиштлари

den prei sani

ўйинчоқ кубиклар

a aktiefiguurtje

ўйинчоқ қаҳрамон

a beibikrosi

ползунка

a frisbee

учар ликопча

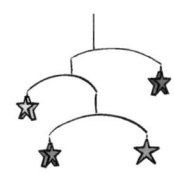

a mobile

осма шақилдоқ

a prei tapu bord

стол ўйини

a prei ston

ошиқ

a prei sani loko

поезд макети

a bobimofo

сўрғич

a fesa

ўтириш

a prenki buku

расмли китоб

a bal

копток

a popki

қўғирчоқ

prei

ўйнамоқ

a pikin kamra - болалар хонаси

a santi baki
қумдон

a boboisturu
арғимчоқ

den preisani
ўйинчоқлар

a prei komputer
ўйин приставкаси

a baysigri
уч ғилдиракли велосипед

a prei sani
бахмал айиқ

a krosikasi
кийим шкафи

a krosi
кийим

den kowsu
пайпоқ

den kowsu
чулки

a kowsu
колготка

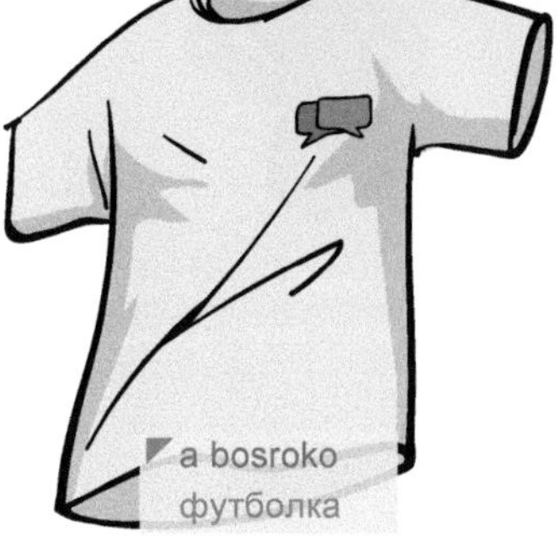

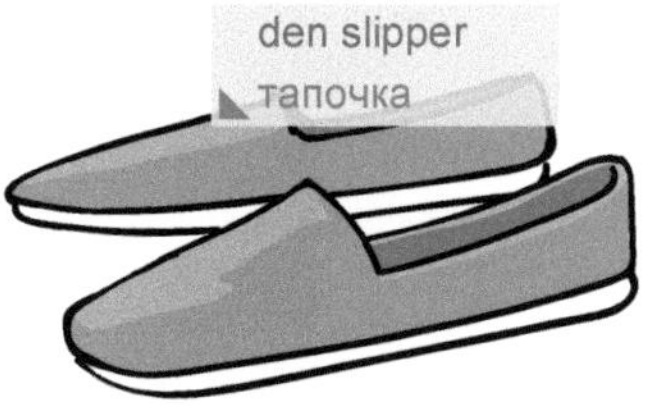

- a sjaal — шарф
- a banti — камар
- a prasoro — соябон
- a bosroko — футболка
- den pata — кроссовка
- a buta — ботинка
- den slipper — тапочка

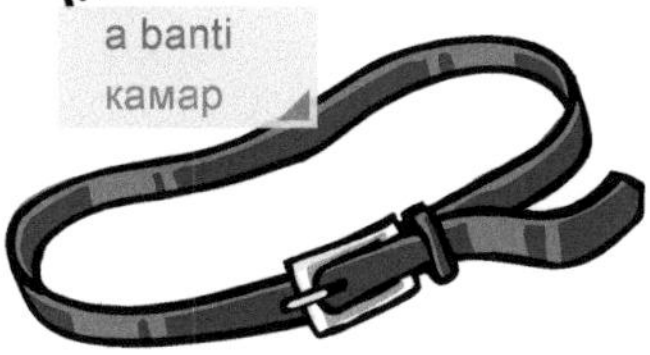

den susu
шиппак

den susu
туфли

a buta
резина этик

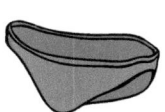

a jockey
top турсик

a bh
кўкракпеч

a kamsoro
майка

a krosi - кийим

a skin

боди

a bruku

иштон

a jeansbruku

жинси

a koto

юбка

a blus

кофта

a empi

кўйлак

a empi

жемпер

a dyaki

узун чакмон

a djakti

спорт бичимидаги пиджак

a dyakti

куртка

a alendyakti

пальто

a alendyakti

плаш

a paki

либос

a yapon

кўйлак

a trowyapon

келин кўйлак

a krosi - кийим

a paki

костюм шим

a sribikrosi

тунги кўйлак

a sribikrosi

пижама

a sari

сари

a angisa

шолрўмол

a tulband

салла

a burka

паранжи

a kaftan

чакмон

a abaya

абая

a swenkrosi

чўмилиш костюми

a swenbruku

турсик

a syatu bruku

шортик

a training paki

спорт костюми

a feskoki

фартук

a handschoen

қўлқоп

a krosi - кийим

47

a knopo

тугма

a aygrasi

кўзойнак

a anubuy

билагузук

a keti

мунчоқ

a linga

узук

a yesilinga

сирға

a ati

кепка

a krosi anga

пальто илгак

a ati

шляпа

a tay

бўйинбоғ

a rits

замок

a feti musu

дубулға

a bretel

шим тортгич

a sem skoro krosi

мактаб формаси

a sem krosi

форма

a krosi - кийим

a slabbetje

ошхўрак

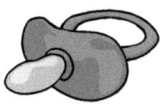

a bobimofo

сўрғич

a pisiduku

таглик

a kantoro
идора

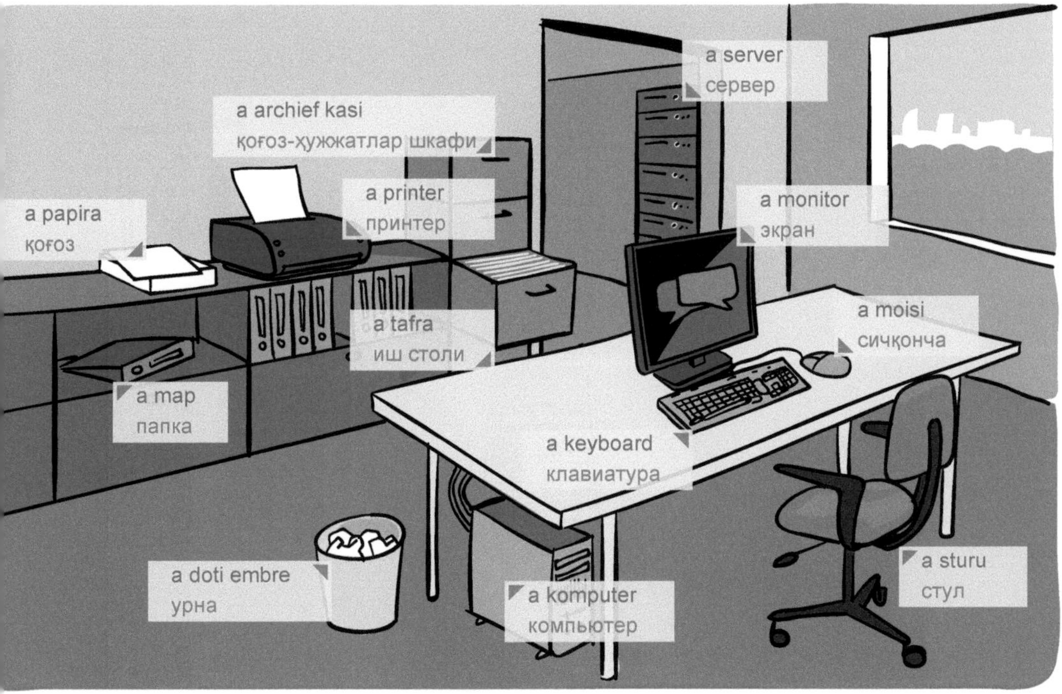

- a server — сервер
- a archief kasi — қоғоз-хужжатлар шкафи
- a printer — принтер
- a monitor — экран
- a papira — қоғоз
- a tafra — иш столи
- a moisi — сичқонча
- a map — папка
- a keyboard — клавиатура
- a doti embre — урна
- a komputer — компьютер
- a sturu — стул

a kofi kan

кофе кружкаси

a kalkulator

калькулятор

a internet

интернет

a laptop

ноутбук

a brifi

хат

a boskopu

мактуб

a konkrutitei

уяли телефон

a neti

тармоқ

a kopi masyin

нусха кўчиргич

a software

дастур

a konkrutitei

телефон

a stopkontakt

розетка

a fax masyin

факс

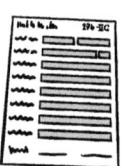

a formulier

шакллар

a papira

ҳужжат

a ekonomia
иқтисод

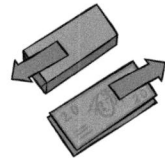

bai
....
харид қилмоқ

pai
....
тўламоқ

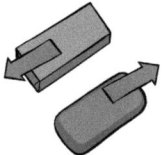

du
....
савдолашмоқ

a moni
....
пул

a dollar
....
доллар

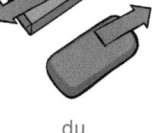

a euro
....
евро

a yen
....
йен

a rubel
....
рубль

a frank
....
швейцар франки

a renminbi yuan
....
Кэньминьби хитой юани

a rupie
....
рупи

a monimasyin
....
банкомат

a kenki kantoro

пул айирбошлаш шаҳобчаси

a gowtu

олтин

a solfru

кумуш

a oli

нефт

a krakti

энергия

a prijs

нарх

a kontrakti

шартнома

a lantimoni

солиқ

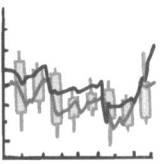

a pisi

акция

wroko

ишламоқ

a wrokoman

ишчи

a wrokobasi

иш берувчи

a fabrik

завод

a wenkri

дўкон

a ekonomia - иқтисод

den kari
касблар

a skowtu — полициячи
a brandweerman — ўт ўчирувчи
a piloot — учувчи
a datra — шифокор
a boriman — ошпаз

a djariman
боғбон

a temreman
дурадгор

a modist
тикувчи

a krutubasi
ҳакам

a scheikunde sma
кимёгар

a akteur
актёр

a bus sjafeur	a taximan	a fisiman
автобус ҳайдовчиси	такси ҳайдовчи	балиқчи

a krinsma	a dakitapu man	a diniman
фаррош	том устаси	официант

a ontiman	a ferfiman	a bakriman
овчи	бўёқчи	нонвой

a elektrikman	a bow-wroko man	a ensjinoru
электр устаси	қурувчи	муҳандис

a sraktiman	a loodgieter	a postbode
қассоб	сувчи чилангар	почтачи

den kari - касблар

a srudati

аскар

a architekt

меъмор

a kasman

ғазначи

a bromkisma

гулчи

a seti sma wiri man

сартарош

a kondukteur

чиптачи

a monteur

механик

a kapten

капитан

a tifidatra

тиш шифокори

a sabiman

олим

a Dyu domri

яхудийлар руҳонийси

a Moslim domri

имом

a moniki

роҳиб

a priester

руҳоний

den kari - касблар

a wrokosani
асбоблар

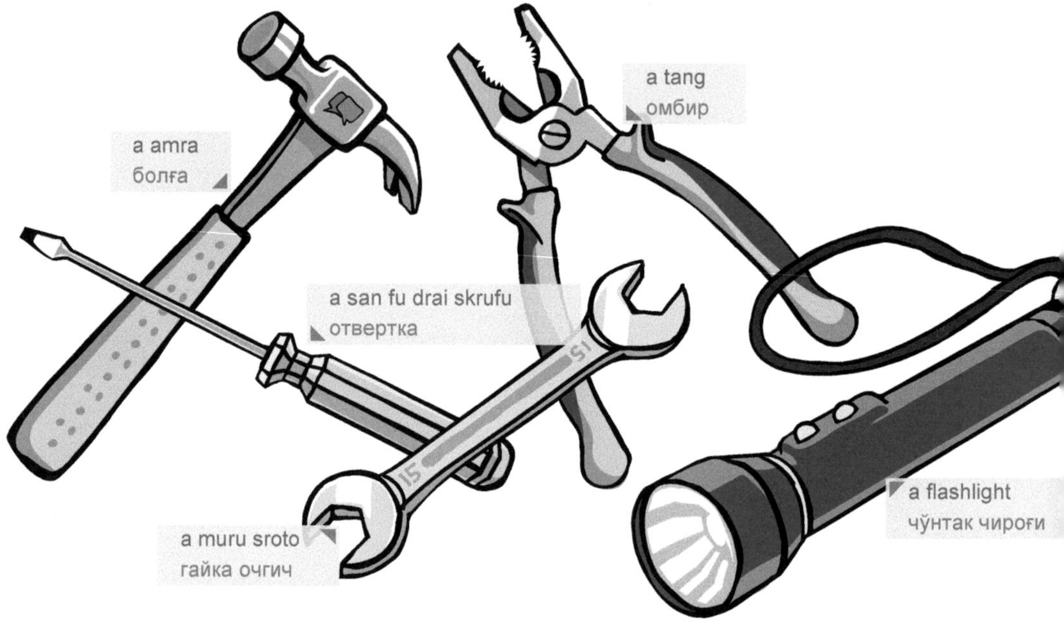

a amra — болға

a tang — омбир

a san fu drai skrufu — отвертка

a muru sroto — гайка очгич

a flashlight — чўнтак чироғи

a dikimasyin

экскаватор

a wrokosani kisi

асбоблар қутиси

a trapu

нарвон

a sa

қўларра

den spikri

мих

a boro

пармадаста

a wrokosani - асбоблар

meki

тузатмоқ

a skepi

белкурак

Baya!

Жин урсин!

a stofblik

хокандоз

a ferfi patu

бўёқ идиш

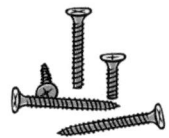

den skrufu

бурама мих

den poku sani
мусиқа асбоблари

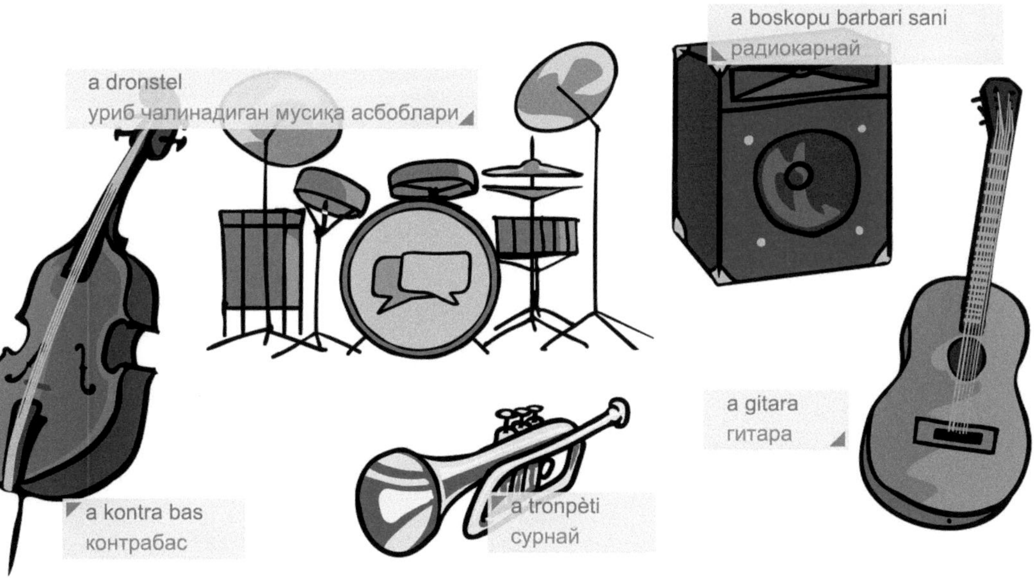

a boskopu barbari sani
радиокарнай

a dronstel
уриб чалинадиган мусиқа асбоблари

a gitara
гитара

a kontra bas
контрабас

a tronpèti
сурнай

a piano
пианино

a finyoro
ғижжак

a bas
бас-гитара

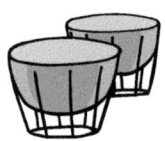
a pauk
қўшноғора

a dron
дўмбира

a keyboard
клавиатура

a saxofon
саксофон

a froiti
най

a mikrofon
микрофон

den poku sani - мусиқа асбоблари

a meti dyari
ҳайвонот боғи

a mofodoro — кириш

a tigri — арслон

a pen — қафас

a sabanaburiki — зебра

a meti nyan — ем

a panda — панда

den meti
ҳайвонлар

a asaw
фил

a kangeru
кенгуру

a neushoorn
каркидон

a gorilla
горилла

a beer
айиқ

a kameri

туя

a stroisifowru

туяқуш

a lew

шер

a monki

маймун

a korikori

фламинго

a popokai

тўти

a ijsbeer

оқ айиқ

a pinguïn

пингвин

a sarki

акула

a prodokaka

товус

a sneki

илон

a kaiman

тимсоҳ

a sma san e sorgu meti

ҳайвонот боғи қоровули

a sedagu

тюлень

a penitigri

ягуар

a meti dyari - ҳайвонот боғи

a pikin asi

тўпичоқ от

a penitigri

қоплон

a watrabofru

бегемот

a giraf

жирафа

a aka

бургут

a werder agu

эркак чўчқа

a fisi

балиқ

a sekrepatu

тошбақа

a walrus

морж

a sabanadagu

тулки

a dia

оху

a meti dyari - ҳайвонот боғи

a sport
спорт ўйинлари

den aktifiteit
машғулот

den aktifiteit - машғулот

abi

эга бўлмоқ

dati

бажармоқ

de

бўлмоқ

tnapu

турмоқ

lon

югурмоқ

hari

тортмоқ

trowe

улоқтирмоқ

fadon

йиқилмоқ

lei

алдамоқ

wakti

кутмоқ

tyari

ташимоқ

sidon

ўтирмоқ

weri

кийинмоқ

sribi

ухламоқ

wiki

уйғонмоқ

den aktifiteit - машғулот

luku
қарамоқ

krei
йиғламоқ

korikori
зарба бермоқ

kan
тарамоқ

taki
гаплашмоқ

ferstan
тушунмоқ

aksi
сўрамоқ

arki
тингламоқ

dringi
ичмоқ

nyanyan
емоқ

krin
йиғиштирмоқ

lobi
севмоқ

bori
пиширмоқ

rei
ҳайдамоқ

frei
учмоқ

den aktifiteit - машғулот

seiri
кемада сузмоқ

teri
ҳисобламоқ

lesi
ўқимоқ

leri
ўрганмоқ

wroko
ишламоқ

trow
турмуш қурмоқ

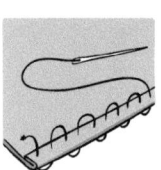
nai
тикмоқ

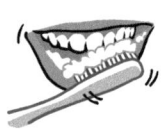
krintifi
тиш ювмоқ

kiri
ўлдирмоқ

smoko
чекмоқ

seni
йўлламоқ

a famiri
оила

- a granmama / буви
- a granpapa / бува
- a papa / ота
- a mama / она
- a beibi / чақалоқ
- a umapikin / қиз
- a manpikin / ўғил

a fisiti

меҳмон

a tanta

амма

a omu

тоға

a brada

ака

a sisa

опа

a skin
тана

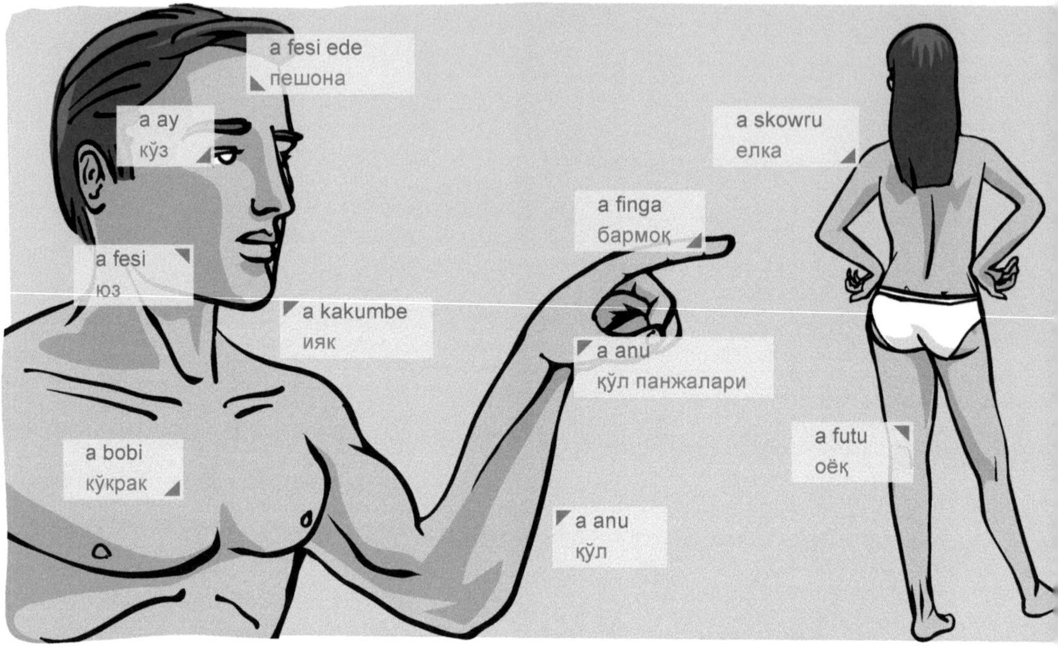

- a fesi ede — пешона
- a ay — кўз
- a fesi — юз
- a kakumbe — ияк
- a bobi — кўкрак
- a skowru — елка
- a finga — бармоқ
- a anu — қўл панжалари
- a futu — оёқ
- a anu — қўл

a beibi
чақалоқ

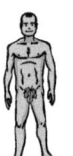

a man
одам

a uma
аёл

a uma pikin
қиз бола

a boi
ўғил бола

a ede
бош

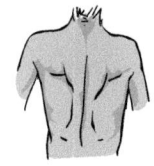
a baka
орқа

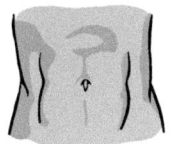
a bere
қорин

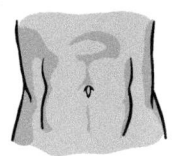
a kumba
киндик

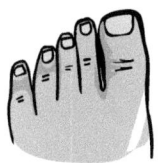
a futufinga
оёқ панжаси

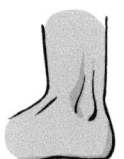
a bakafutu
товон

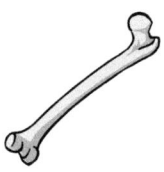
a bonyo
суяк

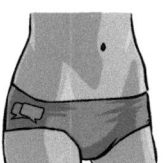
a djonku
бел

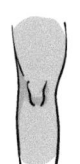
a kindi
тизза

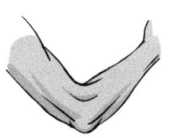
a baka anu
тирсак

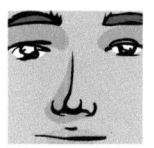
a noso
бурун

a bakasei
думба

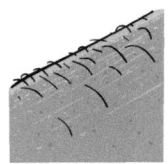
a skin
тери

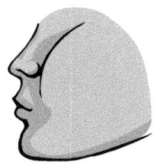
a seifesi
яноқ

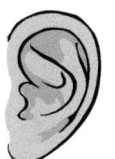
a yesi
қулоқ

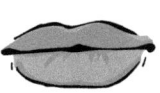
den mofobuba
лаб

a mofo
оғиз

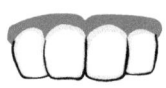

a tifi
тиш

a tongo
тил

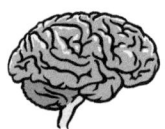

a ede tonton
мия

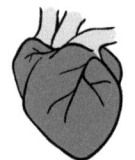

a ati
юрак

a titei
мушак

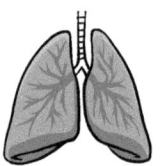

a fokofoko
ўпка

a lefre
жигар

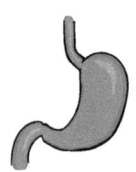

a bere
ошқозон

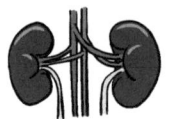

den niri
буйрак

a freiri
жинсий алоқа

a pipikowsu
презерватив

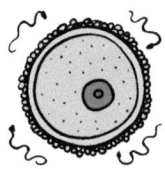

a eksi
тухум ҳўжайра

a siri
уруғ

a bere
ҳомиладорлик

a skin - тана

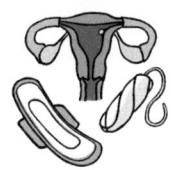

a munsiki

ҳайз

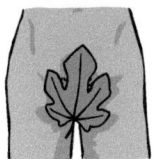

a umapresi

бачадон

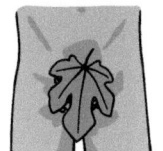

a toli

олат

a tapu-ay-wiwiri

қош

a wiwiri

соч

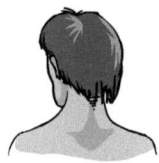

a neki

бўйин

a skin - тана

a ati oso
шифохона

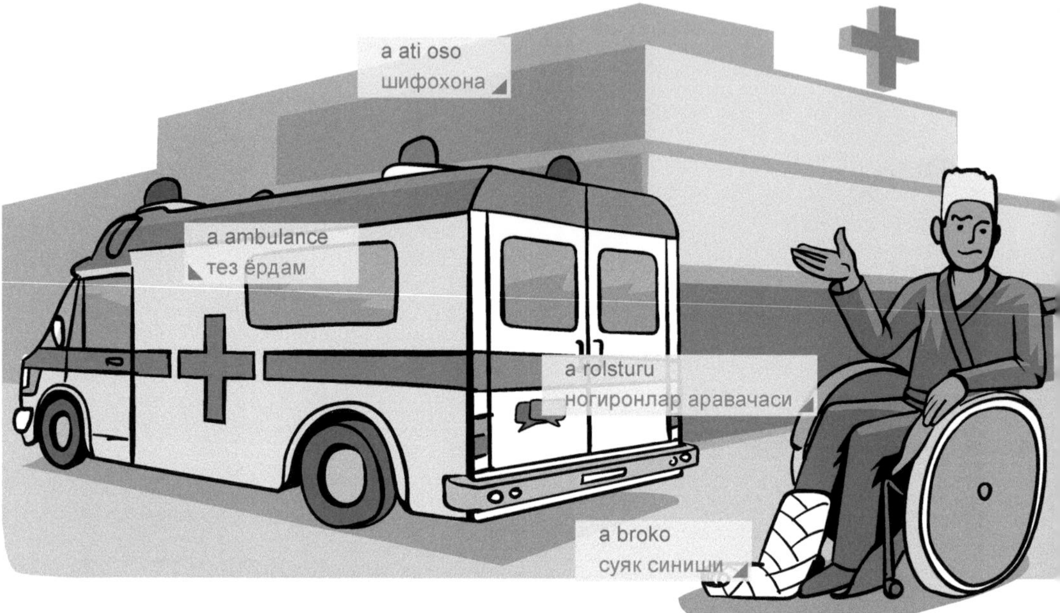

a ati oso — шифохона

a ambulance — тез ёрдам

a rolsturu — ногиронлар аравачаси

a broko — суяк синиши

a datra

шифокор

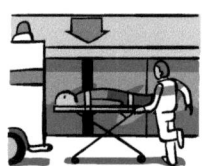

a EHBO

Шошилинч тиббий ёрдам кўрсатиш бўлими

a suster

ҳамшира

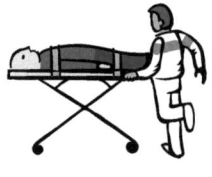

a nowtu

тез ёрдам

flaw

ҳушсизлик

a pen

оғриқ

a soro
жароҳат

a brudu
қонаш

a ati siki
юрак хуружи

a bururtu
инсульт

a trefu
аллергия

koso
йўтал

a kortsu
иситма

a griep
тумов

a lusu bere
ич кетиш

a ede-ati
бош оғриғи

a takrusiki
саратон касали

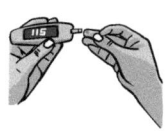
a sukru
қандли диабет

a chirurg
жарроҳ

a skalpel
жарроҳ пичоғи

a operâsi
жарроҳлик амалиёти

a ati oso - шифохона

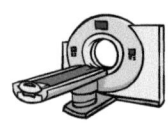

a CT

томография

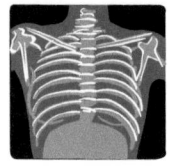

a röntgen

рентген

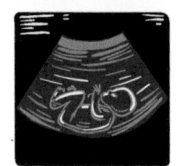

a echo

ултратовуш текшируви

a fesi maskradu

юз ниқоби

a siki

касаллик

a wakti kamra

қабулхона

a kroku

қўлтиқтаёқ

a duku

малҳамли пластир

a duku

бинт

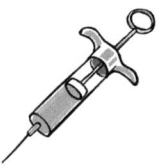

a spoiti

укол

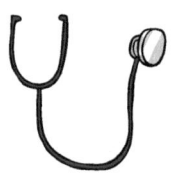

a stethoskoop

юрак урушини ва ўпкани эшитиб кўрадиган асбоб

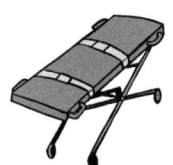

a brandkard

беморлар учун замбил

a temperatuur marki

термометр

a gebore

туғруқ

a fatu

семизлик

a ati oso - шифохона

a masyin fu yere	a sani fu krin	a dyomposiki
эшитиш мосламаси	дезинфекцияловчи восита	инфекция

a firus	a HIV / AIDS	a dresi
вирус	ОИВ / ОИТС	дори
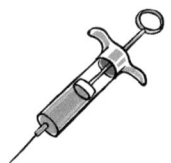	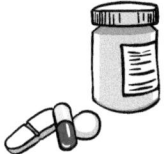	
a faksinasi	den perki	a perki
эмлаш	таблетка	дори
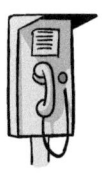		
a nowtu nomru	a brudu marki	siki / gesontu
тез ёрдам қўнғироғи	қон босимини ўлчаш асбоби	касал / соғлом

a ati oso - шифохона

a nowtu
тез ёрдам

Yepi!	a warskow	a feti
Ёрдам берингглар!	хавф-хатар ишораси	тажовуз

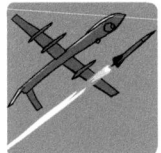		
a feti	a ogri	a nowtu doro
ҳужум	хавф	фавқулодда ҳолатларда чиқиш эшиги

Faya!	a fayakiri sani	a mankeri
Ёнғин!	ўт ўчиргич	фалокат

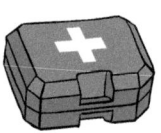		
a EHBO-kofru	SOS	a skowtu
биринчи тиббий ёрдам тўплами	фалокат сигнали	полиция

a grontapu
Ep

Bakrakondre

Европа

Opo-Amerkan

Шимолий Америка

Suid-Amerkan

Жанубий Америка

Afrika

Африка

Asi

Осиё

Australia

Австралия

a Atlantis Se

Атлантик океани

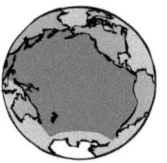

a Tan tiri Se

Тинч океани

a Indisch Se

Ҳинд океани

a Suidsei Se

Антарктида океани

a Noordsei Se

Арктика океани

a Noordsei

Шимолий кутб

a Suidsei
Жанубий қутб

Antartika
Антарктика

a grontapu
Ер

a kondre
ўлка

a se
денгиз

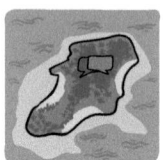
a eilanti
орол

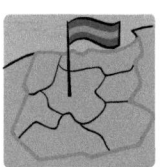
a nâsi
миллат

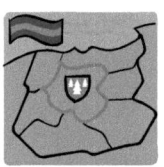
a lanti
давлат

oloisi
соат

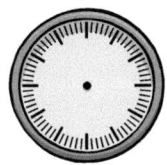

a oloisi fesi

астрономик вақт кўрсатгичи

a yuru sori

соат мили

a miniti sori

дақиқа мили

a sekonde sori

сония мили

O lati a de?

Соат неча?

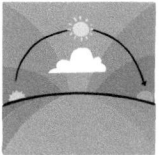

a dey

кун

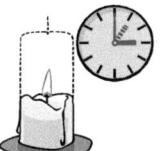

a ten

вақт

now

ҳозир

a oloisi

рақамли соат

a miniti

дақиқа

a yuru

соат

a wiki
хафта

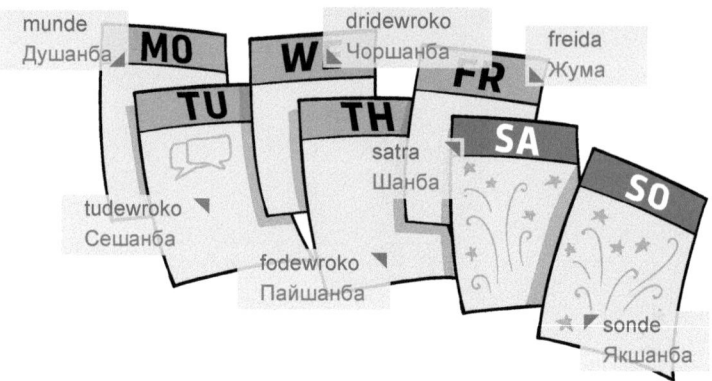

munde — Душанба
tudewroko — Сешанба
dridewroko — Чоршанба
fodewroko — Пайшанба
freida — Жума
satra — Шанба
sonde — Якшанба

esde
кеча

tide
бугун

tamara
эртага

a mamanten
эрталаб

a bakadina
пешин

a neti
кечкурун

den wrokodei
иш кунлари

a weekend
дам олиш кунлари

a yari
йил

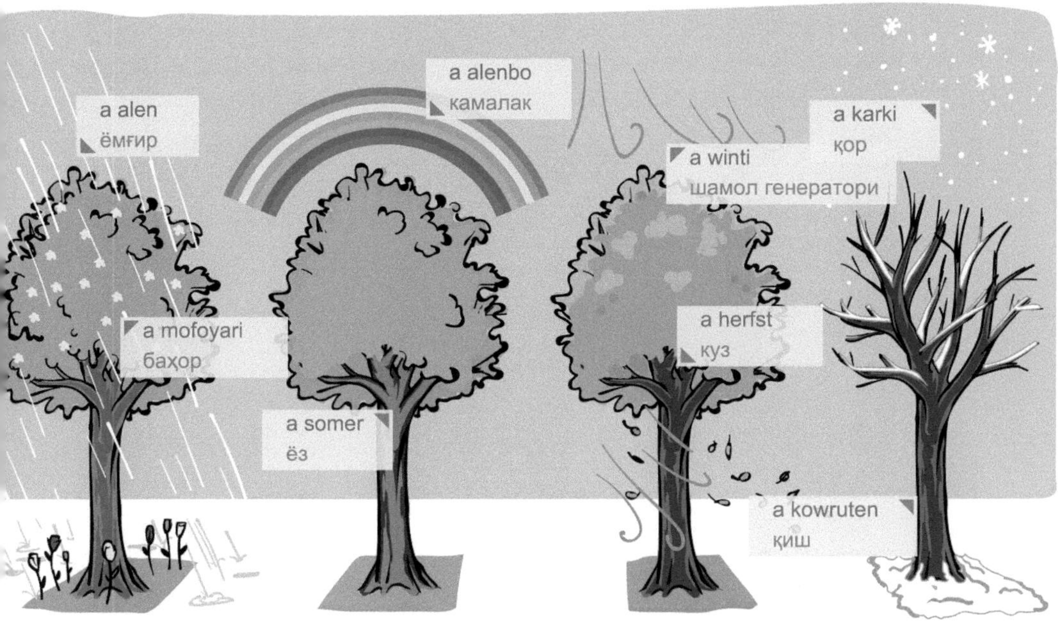

a alen
ёмғир
a alenbo
камалак
a karki
қор
a winti
шамол генератори
a mofoyari
баҳор
a herfst
куз
a somer
ёз
a kowruten
қиш

4.APRIL 11°
5.APRIL 4°
6.APRIL 13°
7.APRIL 8°
8.APRIL 10°

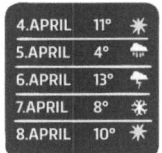

a taki fu a weer

об-ҳаво маълумоти

F C
120 90 60 30 0 -30
40 30 20 10 0 -10 -20

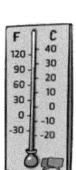

a thermometer

термометр

a skèin fu a son

қуёшли

a wolku

булут

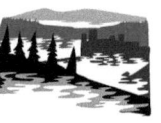

a dow

туман

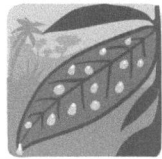

a loktu foktu

намгарчилик

a faya

чақмоқ

a dondru

момоқалдироқ

a sekiwatra

бўрон

a agra

дўл

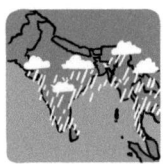

a bigi skwala

намгарчилик мавсуми

a frudu

тошқин

a èisi

муз

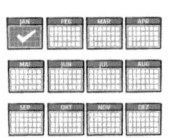

januari

Январь

februari

Февраль

maart

Март

april

Апрель

mei

Май

juni

Июнь

juli

Июль

augustus

Август

a yari - йил

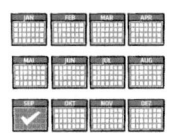

september

Сентябрь

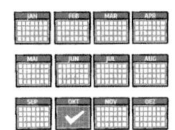

oktober

Октябрь

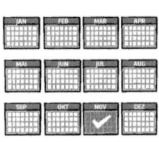

nofember

Ноябрь

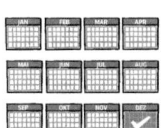

december

Декабрь

den form
шакллар

a lontu

айлана

a fokanti

квадрат

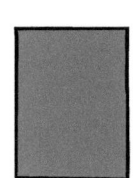

a fokanti naga langa sei

тўртбурчак

a dri-uku

учбурчак

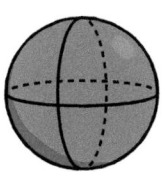

a lontu

доира

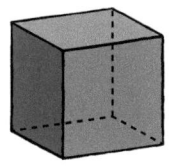

a kubus

куб

kloru
ранглар

witi

оқ

geri

сариқ

alanya

сабзи ранг

ròs

пушти

redi

қизил

lila

тўқ қизил

blaw

кўк

grun

яшил

broin

жигар ранг

grei

кул ранг

blaka

қора

difrenti
қарама-қарши маъноли сўзлар

tumsi / wanwan

кўп / оз

atibron / tiri

ғазабли / хотиржам

moi / takru

гўзал / хунук

begin / kba

боши / охири

bigi / ptyin

катта / кичик

lekti / dungru

ёруғ / қоронғу

brada / sisa

ака / сингил

krin / doti

тоза / ифлос

krinkrin / no bun nofo

тўлиқ / чала

dei / neti

кун / тун

dede / libi

ўлик / тирик

bradi / smara

кенг / тор

kan nyan / no kan nyan

еса бўладиган / еса бўлмайдиган

takru / bun

ёвуз / хайрли

prisiri / ferferi

ҳаяжонли / зерикарли

fatu / fini

семиз / озғин

fosi / lasti

биринчи / охирги

mati / feyanti

дўст / душман

furu / leigi

тўла / бўш

tranga / safu

қаттиқ / юмшоқ

hebi / lekti

оғир / енгил

angri / dreineki

очлик / чанқов

siki / gesontu

касал / соғлом

no gi pasi / tru

ноқонуний / қонуний

koni / don

зиёли / калтафаҳм

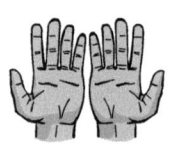

kruktu / leti

чап / ўнг

gi / fara

яқин / узоқ

difrenti - қарама-қарши маъноли сўзлар

nyun / owru
янги / ишлатилган

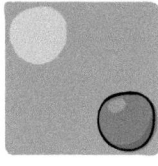
noti / wan sani
ҳеч нарса / бир нарса

owru / jongu
қари / ёш

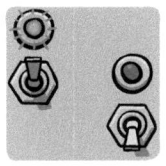
leti / tapu
ёниқ / ўчиқ

opo / tapu
очиқ / ёпиқ

safu / tranga
паст / баланд

gudu / poti
бой / камбағал

bun / fowtu
тўғри / нотўғри

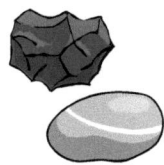
grofu / grati
нотекис / текис

sari / breiti
хафа / хурсанд

shatu / langa
қисқа / узун

loli / esi esi
секин / тез

nati / drei
нам / қуруқ

warang / kowru
илиқ / салқин

feti / freide
уруш / тинчлик

difrenti - қарама-қарши маъноли сўзлар

den nomru
рақамлар

0 noti — ноль

1 wan — бир

2 tu — икки

3 dri — уч

4 fo — тўрт

5 feifi — беш

6 siksi — олти

7 seibi — етти

8 aiti — саккиз

9 neigi — тўққиз

10 tin — ўн

11 erfu — ўн бир

12
twarfu
ўн икки

13
tin-na-dri
ўн уч

14
tin-na-fo
ўн тўрт

15
tin-na-feifi
ўн беш

16
tin-na-siksi
ўн олти

17
tin-na-seibi
ўн етти

18
tin-na-aiti
ўн саккиз

19
tin-na-neigi
ўн тўққиз

20
twenti
йигирма

100
hondru
юз

1.000
dusun
минг

1.000.000
milyun
миллион

den nomru - рақамлар

den tongo
тиллар

Ingristongo
Инглиз

Amerkan Ingristongo
Америкача инглиз тили

Sneisi Mandarijntongo
Хитой тилининг Мандарин лаҳчаси

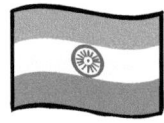
Hinditongo
Ҳинд

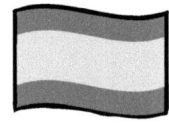
Spanyoro
Испан

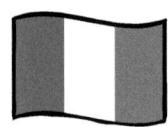
Frans
Француз

Arabiatongo
Араб

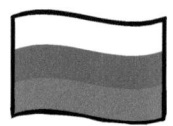
Rusitongo
Рус

Potogisi
Португал

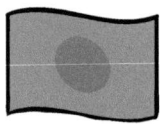
Bengalitongo
Бенгал

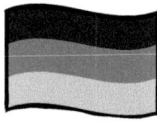
Doisritongo
Немис

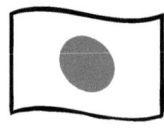
Japantongo
Япон

suma / sang / fa
ким / нима / қандай

mi
Мен

yu
Сен

en / en / en
у / у / у

unu
биз

yu
сизлар

den
улар

suma?
ким?

san?
нима?

fa?
қандай?

pe?
қаерда?

oten?
қачон?

a nen
исм

pe
қаерда

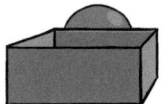
baka
орқада

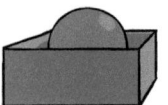
ini
ичида

fesi
олдида

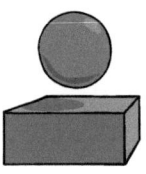
abra
узра

tapu
устида

ondro
тагида

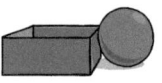
na sei
ёнида

mindri
ўртасида

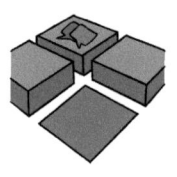
presi
жой